LE SENS COMMUN

DE

JACQUES MAILLOTIN

A PROPOS DES ÉLECTIONS GÉNÉRALES

de la République Française.

Prix : 10 Centimes.

PARIS

RUE DE SORBONNE, 1.

1848

LE
SENS COMMUN

DE JACQUES MAILLOTIN,

A propos des élections générales de la République Française.

----•----

J'ai le cœur gros, mes frères, à l'approche de ce jour du jugement qui va décider du sort de la patrie, et il faut que je m'en explique avec vous.

Constituante, ou quoi que vous appeliez le club souverain qui va régler les affaires de notre grande famille, c'est une fière besogne à coudre, et il faut des ouvriers passés maîtres pour ajuster et rapprocher les pièces que nous avons taillées.

Dire pourtant que de rien que nous étions hier, que de pauvres artisans vivant au jour le jour, nous sommes aujourd'hui ce qu'est un chacun de vingt et un ans, avec ou sans argent, il y a de quoi faire croire au bon Dieu pour ceux qui se faisaient les plus crânes contre la religion; car c'est là un miracle, ou je ne m'y connais point, un miracle à faire pâlir la Bible.

Nous avons tous le droit de voter : c'est bientôt dit et bientôt fait; mais, entre nous, j'en ai la chair de poule, et voici pourquoi : Je ne suis pas plus qu'un autre tombé sur le nez à l'endroit du patriote; j'aime mon pays, ce beau pays de France, autant qu'un bon fils peut aimer sa mère; mais cet amour ne suffit pas à déchiffrer le blé de l'ivraie lorsqu'il s'agit de choisir un bon numéro dans ce gros sac de candidats, tous beaux parleurs, tous cousus de vertus et de dévotion pour nos intérêts. Le temps est court et la leçon est longue à apprendre; je suis assez vieux pour me défier des langues dorées; et, comme en cette matière je ne vous tiens pas pour plus savants que moi, voyons un peu à nous entendre, pour nous tirer de là le moins mal possible envers la République, c'est-à-dire envers nous-mêmes, ses enfants. Comme on fait son lit on se couche; secouons donc nous-mêmes la paillasse du grand dortoir, si nous ne voulons pas tomber dans la ruelle pour laisser la bonne place aux intrigants qui nous ont si longtemps réduits à la dure.

Vous me direz : il y a les clubs, où l'on ne dissèque pas mal l'histoire des particuliers qui nous veulent représenter. Les clubs ont du bon, j'ajouterai même du fort bon, et m'est avis qu'il y a beaucoup à gagner en instruction utile dans certains clubs. Dans ces temps où l'ouvrage n'est pas dru, j'en ai pris ma bonne part de ces discours de clubs ; il est vrai qu'on nous y parle trop souvent comme à des avocats qui sont ferrés à tout comprendre, que d'aucuns brouillons vous y troublent la tête qui n'est pas très-claire déjà, en se mêlant trop des affaires du Provisoire qui, Dieu sait, s'entend à notre maladie depuis bientôt six semaines que nos rubans de queue s'en vont toiser la place de Grève. Allons toujours aux clubs autant que ça ne contrariera pas l'affaire du pain quotidien ; nous y glanerons bien quelque chose à notre profit, et il n'y a pas de raison pour rester là où l'on dirait des bêtises à nous faire chavirer ; car, qui veut aller loin ménage sa monture. A défaut de grande compréhension, nous avons toujours le bon sens ;

va donc pour le bon sens, et voyons.

A sentir l'averse de professions de foi qui nous tombe sur le dos, on dirait que cette France aux frelons l'autre jour, ne compte plus que des abeilles se disputant à l'envi la tâche de remplir les rayons de la patrie. Les candidats semblent sortir de terre, comme les vers après la pluie, et à les en croire, il n'y aurait que la peine de les prendre les yeux bandés. Pour moi je pense qu'il fait bon mentir à qui vient de loin, et que les œuvres sous nos yeux valent mieux que les prouesses au loin ; donc je conseillerai, avant tout, préférence à ceux que nous avons vus travailler devant ou autour de nous ; il n'est pas besoin pour cela que le candidat soit de notre village ou de notre département. Cette opinion, mes frères, n'est pas contre les vieux éprouvés dont les noms sont chers à tous les citoyens de France.

Ceci posé, examinons si notre homme a été électeur sous le régime défunt, et demandons-lui compte de ce qu'il a fait alors de son vote. Quelque gangrené qu'ait été un canton, il y restait toujours un petit coin d'opposition où pouvait se réfugier un honnête homme ; c'est là le premier essai à notre pierre de touche ;

et point de pitié pour celui qui ne peut pas s'en tirer les mains nettes. Il y en a qui, pour se blanchir, vous diront qu'ils n'ont pas voté du tout ; de ceux-ci méfiez-vous deux fois ; gens à vouloir conserver et le chou et la chèvre, qui n'ont pas le courage d'une action franche, ne sont que des lâches, des égoïstes que la royauté a dédaigné d'acheter, et qui ne voulaient point se donner gratuitement à la patrie. Arrière donc les lâches avec les vendus.

A ceux qui n'avaient pas assez d'argent pour payer l'impôt du vote, nous avons le droit d'adresser des questions sur l'emploi de leur vie, sous la monarchie. Jugeons-les surtout sur leurs rapports avec le peuple d'autrefois, c'est-à-dire le pauvre, l'ouvrier. Que celui qui a refusé de serrer la main tannée par le labeur, qui a prêté assistance quelconque aux oppresseurs contre l'oppressé, qui a changé de bannière avec les girouettes du pouvoir, qui n'a salué l'avénement de la République qu'en faisant la grimace et regardant derrière lui ; que celui-là soit biffé de la liste de nos représentants.

La France était trop clair-semée de vrais républicains le 24 février, pour nous promettre un choix de tribuns ayant fait leurs preuves contre empereur et rois, durant les quarante-deux ans de l'interrègne du peuple ; la condition de républicain de la veille ou du jour pourra donc bien être une recommandation, mais non une obligation : le républicain du lendemain, s'il n'est pas autrement entaché, ne doit point être repoussé, si vous respectez les mots sacramentels de notre conquête, si vous entendez bien la fraternité.

Parmi les nouveaux républicains, méfiez-vous cependant des braillards, qui crieront plus haut que vous contre ces pauvres diables de princes et de rois : il en est de ces patriotes empaillés qui, par mauvais dessein, vous pousseraient volontiers à vous empâter dans quelque gâchis au profit de tel ou tel prétendant, pour nous museler de nouveau. Soyez aussi en garde contre la charité ou la générosité de certains hommes qui s'improvisent tout-à-coup vos amis, par des largesses de cabaret. Rappelez-vous que l'on empoisonne les mouches avec des liquides sucrés, et que tout candidat qui sollicitera votre suffrage par l'entremise du marchand de vin est un corrupteur, un ennemi qu'il faut fuir et démasquer. Soyez donc forts contre ces basses tentations : le vin est un mauvais guide pour marcher droit ;

et qui veut porter la tête haute le lendemain, ne doit point perdre la raison la veille. Égaux aux plus puissants de la terre de France, soyons fiers des droits qui nous nivellent, et ne nous laissons pas vaincre en tempérance, en modération, par ceux qui sont jaloux de nous voir leurs pairs. Contre la corruption par l'or, je vous tiens bien gardés ; vous avez foulé aux pieds les trésors dans les palais du roi renversé : vous ne vous avilirez point à ramasser le salaire de votre honte, en vendant les fruits de votre victoire. Songez aussi que ce Dieu qui vous a assistés au grand jour de la bataille, et qui vous regarde de là-haut, peut vous laisser retomber dans les fers qu'il vous a aidés à briser ; car bien fou serait celui qui nierait que l'Éternel n'a pas lui-même frappé ce trône que vous avez brûlé !

Non, mes frères, la calomnie qui voudrait mordre à votre gloire, vous la refoulerez vers le camp de vos ennemis ; vous vous montrerez plus que républicains vulgaires, vous serez citoyens purs, généreux, inaccessibles aux séductions, comme vous l'avez été à la peur. Le monde, qui a applaudi à votre triomphe, applaudira aussi à l'usage que vous ferez de votre conquête.

Il est encore besoin, mes frères, de vous dire un mot des commissaires ou préfets, qui, dit-on, se mettent aussi dans les rangs du chapelet de la candidature. A Dieu ne plaise que je vous conseille leur exclusion, s'ils se présentent ailleurs que dans les départements sous leur autorité, où les novices en république se croiraient obligés de leur accorder une immunité qui n'est plus de saison; ceci ou autre chose doit nous faire désirer que ces citoyens fassent valoir un peu plus loin leurs qualités civiques pour se mêler des affaires de tous. On rapporte que pour certains commissaires qui ont fait rafle trop leste, il en est beaucoup qui, à peu de chose près, ont laissé la boutique administrative dans l'état où ils l'ont trouvée.

C'était curieux à voir que l'entrée en fonctions de certains commissaires prenant le département en sursaut au nom de la République. Les populations, pliées depuis près d'un demi-siècle sous la discipline soit des usurpateurs, soit des légitimistes, n'avaient plus conservé de la première République qu'une tradition que les quatre tyrans couronnés avaient fait réduire aux crimes de cette époque gigantesque en vertus. On avait donc l'air

de sortir d'un cauchemar pour aller voir tel
ou tel représentant de l'épouvantail républicain, et d'aucuns des citoyens commissaires,
prenant au sérieux la peur qu'ils causaient,
firent patte de velours pour faire pardonner
leur outrecuidance républicaine; alors les plus
hardis de la foule de s'écrier : Approchez, approchez, messieurs, ce n'est pas si dangereux,
qu'un commissaire républicain ; voyez plutôt,
il ne mord point; il se laisse caresser : nous
l'apprivoiserons. Et de fait il y en a aujour-
d'hui de beaucoup trop apprivoisés.

D'autres, et surtout de ceux qui apparte-
naient au département, soit par leur nais-
sance, soit par leur domicile, se sont vus
paralysés par l'ovation des parents, des amis,
des... que sais-je, tous gens à parents, à amis,
à clients, qui répétaient au commissaire que
les amis des amis étaient aussi des amis; et,
dans ce concert de coteries à mailles serrées,
l'on s'écriait que la République était la meil-
leure des monarchies.

C'est à nous, hommes du grand peuple, du
vieux peuple, à faire rentrer ce blasphème
dans la gorge des têtus parmi certains bour-
geois qui ne prennent que de mauvaise grâce
place au banquet de notre égalité.

Viennent les maires de Louis-Philippe, qui vous demandent aussi une part aux honneurs de la Constituante. Vous n'avez pas oublié à quelles conditions on était maire sous le roi traître au peuple comme à son propre sang. Il faut achever de flétrir, grands et petits, ces hommes assez éhontés pour étayer l'hypocrite qui a ruiné et avili la patrie.

Peu, fort peu de maires de l'Orléans, ont conservé le droit de parler haut en face de la France affranchie. Vous ferez justice des maires.

Maintenant, si, par imprudence, faiblesse ou persuasion, il en est parmi vous qui ont promis par avance leur vote en faveur de tel ou tel candidat réprouvé depuis, c'est une erreur que, mieux informés, vous pouvez réparer, sans forfaire à l'honneur ; si vous avez pris un engagement par contrainte ou par intimidation, rompez-le du même droit que vous refuseriez de ratifier un contrat imposé par la violence. Votre vote, après tout, doit être l'accomplissement d'un devoir de conscience comme un verdict de jury, vous n'en devez aucun compte aux hommes, mais bien à Dieu, qui lit au fond des cœurs. Qu'au jour solennel de la lutte électorale, vous veniez sans fiel et partiez sans remords. Abstenez-vous de toute démonstration tendant à imposer à autrui un vote contraire à sa volonté. Respectez dans chaque citoyen le libre exercice de ses droits. Évitez la lâcheté du fort envers le faible ; et par-dessus tout, ne faites pas dire que la révolution de Février n'a servi qu'à substituer la tyrannie d'un peuple à celle d'un roi.

Patrons et ouvriers, un même intérêt désormais vous unit pour le bonheur, pour la sécurité de tous ; séparés, vous vous perdriez l'un et l'autre, et avec vous, vous perdriez la patrie. L'anarchie, ce fléau qui efface jusqu'à leurs noms les nations qui s'y abandonnent, est un glaive impitoyable suspendu sur vos têtes. Opposez aux mauvaises passions votre amour pour la terre qui vous a vus naître, pour vos familles qui réclament votre appui. Croyez-en Dieu qui vous a donné la liberté, l'égalité, et vous a légué, par le Christ, la fraternité en qui repose le salut de la patrie.

Rue de Sorbonne, 1.

CATÉCHISME ÉLECTORAL, ou *Guide des Électeurs* dans les élections des Officiers et Soûs-Officiers de la Garde nationale et dans celle des *Représentants du Peuple a l'Assemblée nationale*. Brochure in-18.   15 c.

LETTRES DE LOUIS-PHILIPPE aux membres du Gouvernement provisoire et aux Souverains étrangers. Br. in-8.   10 c.

DIALOGUE RÉPUBLICAIN, Éducation politique du Peuple. Brochure in-8.   15 c.

CHANSONS.

La confession générale de Louis-Philippe.
La morale de Louis-Philippe.
Le Gamin de Paris au comte de Paris.
La liberté.
Aux armes! ou le cri des Enfants de Paris.

Imprimerie Bonaventure et Ducessois, 55, quai des Augustins
(Près le Pont-Neuf.)